經典
少年遊

007

隋煬帝楊廣

揮霍無度的昏君

Yang of Sui
The Extravagant Tyrant

繪本

故事◎劉思源

繪圖◎榮馬

如果歷史有一把秤，
該如何衡量隋煬帝楊廣的功與過？
史書上稱他為一代暴君，
逼迫數百萬的人民，
開鑿世界最長的大運河。
然而這條河也成為一條
串起南方和北方的豐沛水路，
帶來中國最繁榮的年代。

楊廣出生於南北朝末期，
北方是北周的天下，南方是陳國的地盤。
父親楊堅是北周重臣、也是皇家親戚。
楊堅和妻子獨孤伽羅一共生了五個男孩，
楊廣排行老二，從小聰慧機敏，
深得父母的寵愛。

5

身在亂世，　誰的勢力大，　誰就能稱王。
楊堅的勢力一天比一天大。
北周的皇帝很害怕，
便把皇位拱手讓給楊堅。
楊堅當上皇帝後把國號改為隋，
立長子楊勇為太子，
楊廣則被封為晉王，　當時他只有十三歲。

皇位只有一個，既近又遠。楊廣的野心如火燎原，他深知父母為人樸實，便裝模作樣討父母歡心。有一次楊堅到楊廣家，發現僕婢們又老又醜，樂器上布滿灰塵，甚至連弦都沒有，非常高興。但這都是表演而已。

為了統一中原， 楊堅發兵攻打江南陳國。

他派楊廣率軍出征， 一舉消滅陳國。

為了贏得百姓心，

他把陳國的大奸臣拉去斬首，

並且查封府庫， 一毛錢不取；

但私下卻伸出魔爪，

想把陳國王妃張麗華占為己有。

楊廣繼續演戲給父母看。

老皇帝討厭奢侈；老皇后討厭好色。

偏偏太子楊勇兩個都愛，

娶了一堆妻妾，日日宴飲作樂。

而楊廣正相反，只穿粗布衣裳，也不納妾。

漸漸的，宮廷間隱隱吹起換太子的風聲……

楊ㄧㄤˊ廣ㄍㄨㄤˇ射ㄕㄜˋ出ㄔㄨ最ㄗㄨㄟˋ後ㄏㄡˋ一ㄧ箭ㄐㄧㄢˋ。

他ㄊㄚ暗ㄢˋ中ㄓㄨㄥ勾ㄍㄡ結ㄐㄧㄝˊ大ㄉㄚˋ臣ㄔㄣˊ楊ㄧㄤˊ素ㄙㄨˋ，也ㄧㄝˇ不ㄅㄨˋ斷ㄉㄨㄢˋ造ㄗㄠˋ謠ㄧㄠˊ陷ㄒㄧㄢˋ害ㄏㄞˋ楊ㄧㄤˊ勇ㄩㄥˇ，引ㄧㄣˇ起ㄑㄧˇ楊ㄧㄤˊ堅ㄐㄧㄢ的ㄉㄜ猜ㄘㄞ忌ㄐㄧˋ。

14

猜忌的心如滾滾沸水，
楊堅將楊勇貶為平民，改立楊廣為太子。
楊廣如願登上接班人之位，
現在只差一步——老父的喪鐘何時響起？

15

這一刻終於來臨！楊堅在仁壽宮病倒。
楊廣急於登上王位，偷偷和楊素商議後事。
沒想到楊素的回信送錯了地方。

信落到楊堅的手裡，楊堅非常生氣，
又聽說心愛的妃子被楊廣調戲，
立刻要罷免楊廣。

然而，　此時楊廣羽翼已豐，
楊堅身邊布滿他的眼線。
老皇帝還來不及下詔，
楊廣便已得知消息。
先下手為強，　在楊素的幫助下，
楊廣匆匆撤換皇宮守衛，
換上自己的兵馬……

19

不久，宮裡便傳出楊堅暴斃的消息。老皇帝是病死的？還是被暗殺的？死因藏在重重的迷霧中。更詭譎的是，楊堅死了沒多久，一道緊急的詔書就送抵長安，賜死前太子楊勇。

20

楊廣終於如願當上皇帝，
他心裡那隻貪婪的野獸壓抑太久，
變得更加張牙舞爪。
他四處興建豪華的宮殿、搜羅奇珍異寶，
還整天摟著美女們飲酒作樂。

22

更糟的是，楊廣急著耀武揚威，年年徵調幾百萬的民工。王令急急，民工日夜不停鑿運河、築長城，稍有差錯，鞭子和刀子便落到身上，死的死、傷的傷。但楊廣看不見，他眼裡沒有百姓，只有自己的豐功偉業。

24

而這些工程中，規模最大的就是開鑿大運河。從北京到杭州，貫穿了中國黃河和長江兩大水域，綿延長達四、五千里。然而也因為這條運河，害得幾百萬人家破人亡，遍地燃起憤怒的火燄。

27

另外楊廣還喜愛四處巡行。
他最喜歡沿著運河到江都遊玩。
他的龍舟金碧輝煌，
隨行的船隻幾千艘，
整個船隊長達兩百里，
光是挽船夫就要八萬人。
船隊每到一個地方，
官府都要提供各種山珍海味，
勞民又傷財。

更糟的是，
楊廣重用的官員個個貪婪凶殘，如狼似虎。
而且他覺得自己很聰明，聽不進任何反對意見。

30

楊廣更不能容忍任何威脅，
當初助他登上王位的大臣，
相繼被他趕盡殺絕，　兄弟的子孫也全部殺光。

楊廣還有另一個野心——當萬國之王。因此他積極向四方用兵，向西攻打吐谷渾；向北和突厥交戰。他的目的不是土地，而是要各國向他稱臣。因此不理會他的，就派大軍攻打。臣服他的，便賞賜金銀財寶。

而且為了炫耀隋朝的富有，

楊廣常常大宴各國國王、商人和使節。

他精心搜羅歌手、舞者、樂手和雜技人員，

有時一場表演，就有上萬人奏樂。

這種排場花錢如流水，錢不夠，

就把手伸進百姓的口袋裡掏。

但還是有人不買帳。

高句麗國王拒絕來朝貢，讓楊廣暴跳如雷。

他買馬、造艦，親率大軍三次東征，

可惜每次都失敗。

連年征戰，

加上飢荒不斷，　甚至人吃人，

人民再也忍受不了，　四處揭竿起義，

天下大亂……

37

楊廣回到京城，沒多久又出巡長城，卻遭突厥大軍圍困。他逃回洛陽，整日不安，便藉口南巡，逃往江都。

他依舊整天玩樂，不過也清楚快完蛋了，有一次他看著鏡子說：「真是個好腦袋，不知道最後是誰砍下它？」

楊廣一直躲在江都，
引起身邊衛士不滿，
便推舉宇文化及為首領發動兵變。
楊廣倉皇逃竄，
最後還是被抓到，絞死在堂上。
他的奢侈、荒淫和自大，
像三把鋒利的大刀，
短短十四年，一刀一刀砍死強大的王朝。

隋煬帝楊廣
揮霍無度的昏君

讀本

原典解説◎劉思源

隋煬帝一生大起大落，他和父親一起將隋朝推上顛峰，但為何強盛的國勢卻在十數年間迅速破敗？

楊廣（569年～618年），隋朝的第二任皇帝，世稱隋煬帝。「煬」是指灶火被遮住，暗指楊廣不是個好皇帝。後世對他的評價有好有壞，他曾開鑿大運河、發展科舉制度、出征高句麗，宣揚了國威。但是他也讓國力耗損，人民負擔加重。最後地方民變四起，楊廣被殺，隋朝名存實亡。下圖為唐朝閻立本《古代帝王圖卷》所繪的隋煬帝楊廣。

TOP PHOTO

楊廣

相關的人物

楊勇

楊勇是楊堅的長子、楊廣的大哥，個性直率但喜歡享受，在父母親面前從不掩飾情緒和享樂的天性。因此相較於弟弟楊廣，楊勇始終不得父親信任，最後被廢了太子的身份。楊廣奪權後為了杜絕後患，下令處死楊勇與他的十個兒子。

楊堅

隋文帝楊堅是隋朝的開國皇帝、楊廣的父親。楊堅與楊廣共同征服南朝的陳國，結束了南北朝，並創造了隋朝初期的「開皇之治」，但是卻因廢立皇太子的問題，父子關係變差，最後楊廣命人殺死父親，登基稱帝。右圖為唐朝閻立本《古代帝王圖卷》所繪的隋文帝楊堅。

蕭皇后

本姓蕭，十三歲嫁給楊廣，世稱蕭皇后，死後封號為煬愍。「愍」有哀戚憐憫的意思，用來表彰蕭皇后慈悲為懷，對楊廣暴政下的百姓感到不捨。蕭皇后曾寫過一篇〈述志賦〉，婉轉的規勸楊廣，應該要遠離縱情浮華的生活，好好的從政治理國家。

宇文化及

宇文氏是隋朝時融合匈奴、鮮卑與漢族的一個大家族。宇文化及的父親宇文述是楊廣重用的心腹，他也因此被提拔為大將軍，受封許國公。隋末各地發生許多叛亂，宇文化及趁勢募兵叛變，殺害楊廣，自立為王。

天台智顗

隋文帝楊堅在位時，推崇佛教，當時受封江南的楊廣也受影響，其中最受他敬重的就是後來天台宗的創始人智顗。楊廣曾請智顗授予他菩薩戒律，相傳兩人互稱「總持王」和「智者」，智顗去世時也留下遺書鼓勵楊廣鑽研佛經，以佛法治國。

嬰陽王

高句麗國王。楊廣即位後發現嬰陽王密謀與突厥結盟，因此決定派兵強征。嬰陽王守城抵抗，楊廣在戰略上也很謹慎，僵持多年，在三次對戰中，雙方國力大受耗損，最後高句麗雖然投降，隋朝國勢也已頹敗，兩人在同一年相繼去世。

從皇子一路用盡心機，終於竄升為皇帝，隋煬帝如何將隋朝帶向滅亡之路？

581 ～ 600 年

公元 581 年，楊廣受封為晉王，當時他只有十三歲。隋文帝為了訓練他，下令讓他管理并州，也就是現在山西的太原市。二十歲時，隋朝向南朝的陳國出兵，楊廣擔任統帥，此後他立下了許多戰功，很受父親看重，在三十二歲那一年成為皇太子。

晉王時期

相關的時間

TOP PHOTO

604 年

隋文帝楊堅在位時，自認為楊廣比哥哥楊勇更適合繼承王位，因此廢楊勇，改立楊廣為太子。但是後來發生了楊廣調戲父親愛妃的事件，楊堅氣得要免除楊廣的繼承權。為了保住即將到手的王位，據傳楊廣派人殺死父親及兄長，在殺戮中登基。上圖為清朝刊行本《說唐演義全傳》中的插畫，描繪楊廣殺父登基、將父親愛妃據為己有。

弒父殺兄

遷都洛陽

604 ～ 606 年

隋朝國都原本在西安，煬帝即位後，決定將國都遷往與四方聯絡較便利的洛陽。他親自勘查地形，認為洛陽古城的地理位置不佳，因此另外選定合適地點建造新皇宮，並推動運河工程，組成主要城市間的交通網絡，前後費時三年，於公元 606 年正式遷都。

607 年

天朝體系是將中國當作世界中心，四方鄰國以臣屬的身份，派遣大使向中國獻上貢品的制度。公元 607 年隋煬帝接受東突厥進貢，建立起天朝體系，前後有將近三十個國家臣服於隋帝國的管理。天朝體系在中國延續了一千多年，於中日甲午戰爭時結束。右圖為清朝姚文瀚等人共同繪製的《萬國來朝圖》中一景，描繪四方鄰國向中國朝貢的場景。

TOP PHOTO

天朝體系

608 ～ 615 年

絲路泛指歐亞大陸北部的通商路線。隋煬帝即位後，有意進一步掌控中國西北方其他民族的勢力，透過利誘與高昌、伊吾結盟，於公元 608 年出兵攻打當時控制絲路的吐谷渾。得勝後隋煬帝以重賞獎勵商運，使絲路成為貨品絡繹不絕的通路。

掌控絲路

民變

出兵高句麗

612 ～ 614 年

隋煬帝在運河工程完成後不久，三次出兵高句麗，據說動員超過一百萬軍士。但是因為環境不熟悉、戰略運用不當，拖延了很久才使高句麗投降。煬帝調高稅賦來支應戰爭，使得民間生活更加困苦，最終發生了許多民變，隋朝逐漸衰亡。

611 ～ 618 年

隋煬帝在位時，因為運河工程和攻打高句麗，讓一般的百姓生命受到很大的威脅，還要負擔很重的稅。久而久之，人人都希望暴虐的皇帝退位，因此民間發生了很多叛變事件，有名的「長白山起義」，就是公元 611 年發生的第一次民變事件。

隋煬帝楊廣一生中到底有哪些著名的事蹟？
為什麼後世對他的評價不是極好就是極壞？

京杭大運河是貫穿中國南北最主要的水運路線，最早的紀錄是春秋時期吳王夫差所開鑿。到了隋朝，為了促進南北經濟合作，楊廣調動兩百多萬的勞工投入運河工程，大約是隋朝總人口的二十分之一，開通了總長超過四千公里的運河。最後運河雖然完成了，隋朝的國力也大受損耗。

京杭大運河

隋煬帝建於洛陽近郊的行宮。楊廣是一位喜歡四處遊歷的皇帝，在中國各地建有供他休憩的行宮，西苑是其中規模最大的一座。據史書記載，西苑佔地將近方圓三百里，內有樓閣十數座、大型人工島與湖泊，留存至今的西苑池塘，也列入洛陽八景。

西苑

相關的事物

TOP PHOTO

中國古代為防禦外敵在北方邊界建築的圍牆。隋煬帝在位時，啟動了兩次修築長城的工程，將各地邊防的圍牆連成一線，以防禦突厥入侵。此時期的長城，長度約有三千公里，成為明朝以降修築萬里長城的重要基礎。上圖為陝北榆林的隋朝長城遺跡。

長城

袞龍袍

袞龍袍是中國隋朝之後的皇帝專用禮服，又稱「袞服」，「袞」字的意思是在衣服上繪製龍的圖案。中國歷代的袞龍袍，都繡有象徵帝王權力的圖騰。隋煬帝的龍袍雙肩分別是太陽和月亮，後背則有星辰，此後歷代帝王的龍袍大多沿用這個設計。

龍舟是做成龍的形狀或是刻畫有龍
紋的船。由於「龍」是古代帝王的
象徵，所以帝王所乘的船就是龍舟。
運河工程完成後，煬帝為了展示自
己的權威，命令工匠用最好的木材
打造了一支龍舟隊，乘著龍舟沿著
運河南北遊賞。隋煬帝的龍舟並不
是結構簡單的船，而是三層樓高的
水上宮殿，得靠將近一千人在水中
拉船才能前進。右圖為清朝重新刻
印出版的明朝萬曆書籍《帝鑑圖說》
中的隋煬帝龍舟。

TOP PHOTO

龍舟

科舉

科舉是中國選拔人才最重要的考試制度，施行了超過一千
年，是一般百姓要求取官位必經的管道。科舉的基本架
構是由隋煬帝制訂的，測驗內容包括詞賦、經書和政治
見解等，讓有能力的人，無論家世背景如何，都有機會
被錄取。

葵花獻肉

揚州名廚獻給隋煬帝的特色料理，今日人們稱之為「獅子頭」。隋
煬帝時常至中國南方遊玩，其中他特別欣賞揚州的葵花。為了向皇
帝進獻，揚州的名廚以碎絞肉製作形狀類似葵花的肉丸子料理，取
名「葵花獻肉」，是揚州四大名菜之一。

隋煬帝曾經多次出宮遊歷、出巡，
他的足跡究竟遍布在哪些地方？

TOP PHOTO

隋朝時朝鮮半島有高句麗、新羅與百濟三個政權，其中高句麗的領土與中國相連，常發生戰爭。隋煬帝在位期間為防止高句麗與突厥結盟，三次強征高句麗，一度大敗，最後耗盡國力才獲勝。上圖為高句麗開國都城，五女山城遺跡。

高句麗

相關的地方

京杭大運河

張掖

京杭大運河是中國古代最長的運河，連接北京至杭州周邊黃河、海河、淮河、長江與錢塘江五大水路。隋煬帝主導以長安及洛陽為中心的運河工程，鑿通廣通渠、通濟渠、永濟渠等河段，並整頓前朝的水利工程，賦予京杭大運河基本的雛形。

位於甘肅西北部河西走廊的中段，是中國通往西域的重鎮，漢武帝以張開漢朝臂掖的意象，將此地命名為張掖。張掖地理條件優良，物產豐饒，因此也被稱為塞上江南或者金張掖。隋煬帝是中國唯一一位出巡張掖的皇帝，他在這裡接見鄰近二十七國的使者，奠定了絲路貿易的基礎。

榆溪塞

隋朝建築的長城要塞之一，又稱榆林塞，位於陝西榆林，是現今少數留存的隋朝長城遺址。戰國時期黃河的河套地區多種植榆樹，當作邊疆的圍牆，因此產生榆林這個地名。隋煬帝在位時，以榆林為中心建築一段長城，因為靠近榆溪而被稱作「榆溪塞」。

蒼岩山

位於河北省石家莊市，是太行山脈的分支，擁有福慶寺、蒼岩書院、橋樓殿以及千年的檀樹和柏樹等著名景點。隋煬帝的女兒南陽公主在蒼岩山福慶寺出家，據說她曾用在宮中習得的醫術為百姓治病，為了紀念，寺內祠堂在他去世後改名為南陽公主祠。

伏俟城

吐谷渾的首都，位於青海湖西邊。吐谷渾是鮮卑部族的一支，以祈連山脈與黃河上游為據點建立吐谷渾國，統治範圍約在現在的甘肅、青海一帶。吐谷渾掌握了絲路最重要的據點，隋煬帝於是對吐谷渾宣戰。得勝後，在原先吐谷渾的領土設郡，控制絲路的貿易。

揚州

位於江蘇，長江下游與京杭大運河交會處。揚州是隋煬帝發跡的地點，青年時期他被指派前往揚州擔任總管，平定了當地的叛亂，很受父親重視。煬帝非常喜歡揚州的景色，在位後經常乘龍舟前往揚州遊覽。晚年更是以揚州為主要居住地，被叛軍殺死後也埋葬在揚州。右圖為揚州所遺留修建後的隋朝建築大明寺棲靈塔，及揚州風景。

隋煬帝

　　隋煬帝楊廣可說是中國帝王史上第一偽裝高手。登基前，溫良恭儉；登基後，驕奢殘暴，完全判若兩人，好似一隻披著羊皮的狼。

　　《隋書》中記載了許多他精湛的演出，例如，有一次楊廣打獵時遇上大雨。侍從連忙拿油衣給楊廣擋雨，他卻一把推開說：「士兵們都淋溼了，我豈能夠一個人獨穿油衣？」還有一次，父親隋文帝到他家，發現樂器布滿灰塵，弦也斷了，還以為這個兒子溫良敦厚，不像一般人喜歡宴飲作樂。事實上，這些只是楊廣精心準備的道具。

　　這些假仁假義的作為，對照他之後的驕奢荒淫更顯虛偽可怕。

　　例如：隋文帝一生只建了一座行宮，而他一即位就進行大規模的造城計畫——每月投入二百多萬役夫和工匠營建東京洛陽，並沿著運河建立四十多處行宮。而且，他要求每座宮殿都用最好、最新奇的建材，像是洛陽宮殿所用的大木頭都是由長江以南、五嶺以北運來的。古時候運輸不發達，木材都用人工拉運的，一根大木頭要

嘗觀獵遇雨，左右進油衣，上曰：「士卒皆霑濕，我獨衣此乎！」——《隋書·煬帝紀》

兩千人來拉，加上路途遙遠，一根梁柱的運費就高達數十萬錢。

另一方面，我們也可從一根小羽毛窺知他的奢侈無度。

大業二年，楊廣命何稠設計帝王外出時護衛所持的旗幟、傘、扇等儀仗，並務求精美華麗，向百姓和外國炫耀大隋的富強。在楊廣的催逼下，官府通令全國州縣進貢羽毛，老百姓只得上山下海，四處捕捉禽鳥，凡是羽毛能做裝飾的飛禽和走獸，幾乎都被捕殺一空，到後來人民只好用買的，一隻野雉尾的代價，要十匹絹才能換得到！

這樣任意的耗損人力和物力，短短十四年，楊廣就把富爸爸留下的豐沛國庫消耗一空了。

又猜忌臣下，無所專任，朝臣有不合意者，必構其罪而族滅之。——《隋書·煬帝紀》

　　楊廣性情多疑詭詐，巡行時故布疑陣，不讓人知道要去的地方。同時，他也自恃聰明，愛玩弄人性。

　　他巡行江都時想到一個辦法，龍舟艦隊經過的州縣，地方官府都要準備酒宴，叫做獻食。獻的豐富，就升官；簡陋的，就重罰。因此獻食成了一幅畸形的升官圖，大小官員都忙著拍馬屁、獻殷勤。有一個州每天甚至需要出動一百輛牛車運送食物，而吃不下的或吃膩的，就毫不吝惜的當成垃圾丟掉、埋掉。彷彿一幅「朱門酒肉臭，路有凍死骨。」的旅遊版。

　　另一方面，楊廣利用陰謀奪位，因此也處處猜忌臣下。而且他心胸狹窄，只要哪個臣子得罪他，就隨便羅織個罪名，殺人滅族。

　　但是，楊廣的好大喜功才是隋朝真正的致命傷。

　　他連年徵調大批人民打仗和服勞役，滿足個人的野心。例如：

　　　　大業三年為了巡視塞北，他徵調一百多萬人築長城。

為了趕進度，民工日夜趕工，十天內就死了將近一半的人。有的百姓甚至寧願自殘，砍下一手或一腳來躲避勞役，還安慰自己這些斷肢殘臂為「福手福足」呢！實在是人間慘事。

更無可救藥的是，楊廣剛愎自用，不聽任何諫言。他曾對名士虞世南說：「我天生不喜歡聽別人的勸諫。若身為高官還想藉著進諫求名，我絕不能忍受。若是卑賤之人，雖暫時容忍，但最後也不會放過他。」

楊廣死不認錯，又無反省能力，終於走上自己親手鋪的不歸路。

不過諷刺的是，楊廣雖然處處設防，最後卻不是死於敵人手中，而是在重兵把守的江都深宮中，被最信任的貼身衛隊所絞殺。

隋文帝

　　隋文帝楊堅是隋煬帝的父親，也是隋朝的開國皇帝。根據史書記載，他雙眼炯炯有神，從小精明沉穩。他的父親助北周建國有功，封為隋國公。楊堅不僅繼承了父親的爵位，女兒也被立為北周宣帝的皇后。

　　宣帝荒淫無道，才上任二年就暴斃，皇位輪到六歲的小兒子靜帝頭上。楊堅升級為皇太后的父親，皇帝的外祖父，趁著輔政的機會一手掌控北周軍政大權。最後小皇帝識相的把皇位讓給楊堅，就此改朝換代。

　　楊堅用計謀取皇位後，不久便統一全國，還開創了安定的治世。西方學者邁克爾・H・哈特（Michael H. Hart）甚至認為，中國對世界歷史影響最大的兩個皇帝，第一是秦始皇，第二就是隋文帝。

　　撇開秦始皇的暴虐無道，兩人的確有許多相同之處。秦始皇結束春秋戰國五百多年的紛亂；隋文帝則結束五胡亂華以來

然天性沉猜，素無學術，好為小數，不達大體，故忠
臣義士莫得盡心竭辭。 ——《隋書‧高祖紀》

將近三百年的分裂，成就統一中國的豐功偉績。

　　然而，隋文帝對人民卻仁慈許多。他一即位就下令減輕百姓的
勞役、稅賦，刑罰，並嚴格的執法，教化人民。因此當政二十年來，
天下太平，造就出中國最富有的年代。而且他認真工作，為人節儉，
天一亮就上朝處理政事，一直忙到晚上也不倦怠。吃穿都很節省，
每天吃飯只有一道葷菜，衣服髒了或車子壞了，也是洗過修過再用，
不輕易換新。

　　但是，文帝還是有許多個性上的缺點。他天性猜忌，喜歡耍小
手段，耳根子又軟，常常聽信讒言，連忠義之士也不敢勸說。例如：
楊廣便是利用文帝身邊的人，天天在他耳邊說太子的壞話，讓文帝
心生疑忌，漸失對太子的信任。

　　雖然後世總是評價楊廣的奸謀，但也是因為文帝本身的性格猜
忌，才給了楊廣這樣的機會。

吏治得失，人間疾苦，無不留意。　嘗遇關中飢，遣
左右視百姓所食。　　──《隋書·高祖紀》

從史料上觀察，隋文帝對官吏非常嚴苛，尤其痛惡貪官汙吏，
即使是王公大臣也當堂誅殺，然而對小民卻格外體恤。

根據《隋書》記載，他喜歡乘車出宮探訪民情。如果有人陳情，
他一定會停下來仔細詢問，還會派人暗中打聽地方的風俗，吏治的
得失，百姓的困苦。

有一次關中地區大旱，引起嚴重的饑荒。隋文帝派人去看關中
的饑民吃什麼東西？有人拿百姓們吃的豆渣和雜糠給他。隋文帝痛
哭流涕的拿給臣子們看，深深的責備自己，並下令減少自己每餐的
飲食，也不吃酒肉，幾乎長達一年的時間。

當他去祭祀泰山時，途中遇上一群要到洛陽謀生的饑民。他下
令官兵不可驅趕他們，就讓男男女女夾雜在儀隊中。遇見扶老攜幼
的人，隋文帝立
刻引馬讓路，還
安慰勉勵他們；

碰到崎嶇艱險的地方，便命衛士幫忙百姓挑擔，減輕他們的負擔。若是有將士戰死，他一定賞賜優厚的撫卹，並派使者去家中慰問。

這樣一位親民愛民之君，晚年卻變得嚴苛暴戾，喜怒無常，一點小事就罵人或殺人。例如：他聽說護送西域使者的人沿路收受地方官的饋贈，像鸚鵡、麖皮、馬鞭之類的小東西就勃然大怒。他去武器庫查看，發現裡面髒亂，沒人打掃，便把看守武器庫的人抓起來，親自處斬了幾十個人。

而當年為他打天下的功臣們也幾乎個個遭殃無人倖存。例如令突厥聞風而逃的大將史萬歲，多次出生入死為隋朝打下穩固江山，卻被人誣告和廢太子楊勇見面，加上發了幾句牢騷，便在朝堂之上被當場活活打死。

隋朝的生命力就這樣隨著鮮血慢慢流失，而隋文帝的形象也因此被蒙上重重陰影。

獨孤皇后

　　獨孤皇后是隋文帝楊堅的太太，楊廣的母親。她的全名叫做獨孤伽羅，乃是鮮卑族的後裔。她出生於政治世家，父親獨孤信曾出任北周的大司馬，封為河內公。獨孤信很疼這個女兒，他看上楊堅相貌奇特，將來定會功成名就，便把她嫁給楊堅，當時她才十四歲。

　　貴族出身的伽羅性格果決，結婚時要求楊堅發誓不和別的女人生孩子。因此終其一生，楊堅都沒納妾，大概是歷代君王中唯一的特例。而她自己則和楊堅一共生下五個兒子和三個女兒，分別為長子楊勇、次子楊廣，老三楊俊，老四楊秀，老五楊諒，而長女楊麗華嫁給北周宣帝，給了楊堅第一把權力的鑰匙。

大事已然，騎獸之勢，必不得下，勉之！

— 《隋書・文獻獨孤皇后傳》

後來，北周宣帝駕崩，獨孤皇后判斷時局，派人對楊堅說，「天下大勢已定，您如今已是騎虎難下。」力勸楊堅把握時機自立為王，可見她的政治敏感度。

第二年楊堅篡北周稱帝，她也成為隋朝第一任皇后。

她本性儉約，即使貴為皇后，依然不喜浪費。有一次，突厥和隋朝貿易，向中國兜售一箱價值八百萬的明珠。幽州總管奏請獨孤皇后買下來。獨孤皇后不肯買單，明白表示，「我不需要這些東西，現在敵人屢次進犯邊關，防守的將士非常辛勞，不如將這八百萬分賞給有功的軍士！」

另外，她律己甚嚴，絕不縱容自己的親人貪贓枉法。她的表兄大都督崔長仁犯法，楊堅本來想看在她的情面上，赦免崔長仁的罪。獨孤皇后卻說：「國家之事，怎麼可以徇私！」最後把崔長仁處死。

綜觀她的一生，對楊堅的影響力甚大，也是楊堅最重要的支柱，和楊堅並稱「二聖」。

尉遲迴女孫有美色，先在宮中。上於仁壽宮見而悅之，因此得幸。后伺上聽朝，陰殺之。

——《隋書・文獻獨孤皇后傳》

妒，是獨孤皇后另一個名字。

她生性嫉妒，就算是後宮的嬪妃，也嚴格禁止接近楊堅。

最有名的案例是：尉遲迴有個孫女極為美貌。有一天楊堅在宮裡看見她，非常喜歡，便偷偷和她約會。獨孤皇后得到消息，趁楊堅上朝時暗中殺掉她。楊堅知道後，一個人怒氣沖沖騎馬衝出皇宮，不走大路，直奔山谷二十多里。

大臣高熲、楊素趕忙追趕，抓住馬苦苦的勸說。楊堅歎息的說：「我貴為天子，卻沒有一點自由！」

獨孤皇后不僅對自己的丈夫如此，也痛恨一切花心的男人，包括她的兒子們。

楊堅一生最大的錯事就是，晚年廢了長子楊勇，改立楊廣為繼承人。這件事也與獨孤皇后妒意有關。

楊勇喜愛美女，妻妾無數，犯了獨孤皇后的大忌；太子妃不明不白的死了，獨孤皇后也認定是楊勇害死

的。母子之間產生巨大的嫌隙，加上楊廣的挑撥，獨孤皇后越來越討厭楊勇，常常向楊堅告狀，並和楊廣聯手把他踢下太子之位。

雖然後來楊堅發現楊廣的惡行，但為時已晚，只能發出「獨孤氏誤我」之嘆。

楊堅曾對大臣們炫耀，他沒有姬妾，五個兒子都是同父同母的真兄弟，絕對不會發生像前朝那般，為了爭奪王位而兄弟相殘的慘案。但事實證明，楊廣手段更狠，不僅殺了楊勇，連他的兒子也一個不留。

而楊廣是怎樣對待一手推他登上皇位的老母親呢？

根據《資治通鑑》記載，獨孤皇后去世時，楊廣在楊堅和宦官面前痛哭流涕，哀痛得幾乎要斷氣，回到寢室時卻眉開眼笑，大吃大喝，還把肥肉、肉乾、醃魚藏在頭巾裡帶進去。

獨孤皇后本是仁厚之人，若地下有知一定非常懊悔，愛子太過，就變成害了。

楊素

楊素，集大將和權臣於一身，是楊廣登基的關鍵人物。

根據史書的記載，楊素長得又高又帥，還有一副威風凜凜的長鬍鬚，堪稱一代型男。他出生於軍人世家，從小不受拘束，胸懷大志。他從年輕時就替隋文帝南征北討，在戰場上屢建奇功，是隋朝開國四大名將之一。

例如：他兩次領兵攻打突厥都大獲全勝，從此突厥遠走漠北，再也無法進犯中國，是第一大功勞。討伐陳國時，他在長江上游親自督造艦隊，一路沿江攻城掠地，是第二大功勞，不論平亂或攘外，幾乎沒打過敗仗。

探究他屢戰屢勝的秘訣，其實只有二個 —— 謀略和嚴格。

他用兵善用計謀，而且能夠掌握時機，靈活應變。另外軍紀嚴明，若是有人違抗軍令立即處

素多權略，乘機赴敵，應變無方，然大抵馭戎嚴整，有犯軍令者立斬之，無所寬貸。 ——《隋書·楊素傳》

斬，絕不寬待。而且，臨上戰場之前，他一定會斬殺犯錯的軍士，用鮮血樹立軍威。少的時候幾十人，多的時候則達百餘人。兩軍尚未交戰，陣前已經血流滿地，他卻依然談笑自如。

一旦上了戰場，他更要求軍士拼命向前，絕不後退。根據《隋書》記載，他會先派一、兩百人打頭陣，贏了就往前衝。萬一輸了往後退，不論多少人皆一律處死，再換下一批軍士接著進攻。如此一來，將士心生恐懼，只能抱著必死之心前進，形成一支戰鬥力超強的隊伍。

楊素因為戰功彪炳，不斷的加封晉爵，最後出將入相，擔任宰輔。不過，他身為高官卻驕傲自大，心眼狹小。

隋文帝晚年猜忌心越來越大，楊素就投其所好，用各種抹黑和誣陷的手法，把許多忠心耿耿的大臣送上斷頭台，藉此掃除異己，最後更與楊廣勾結，積極參與奪嫡計畫，說他是隋朝政變的幕後黑手一點也不為過。

家僮數千，後庭妓妾曳綺羅者以千數。 第宅華侈，制擬宮禁。 ——《隋書·楊素傳》

就歷史的角度而言，楊素最重要的一場戰役，不在疆場而在宮廷。

楊廣為了爭奪帝位，需要樹立朝中黨羽，而楊素便是他網羅的首要目標。野心勃勃的楊素立刻答應，幫助楊廣設計陷害太子楊勇和蜀王楊秀。而隋文帝的死亡，據傳他也參了一腳。

根據《隋書》記載，隋文帝病重時，他假傳詔書把皇宮的衛士都換成太子宮的侍衛，把守大門，嚴禁出入，並派張衡進宮侍候文帝。而巧合的是，文帝當日便去世了，死因令人忍不住起疑。楊廣登基不久，小弟楊諒便起兵造反，楊素又披掛上陣，很快的平定這場動亂。

算一算，隋文帝四個兒子的命運都在他手上，可見權傾天下。

　　多年沙場爭戰，加上楊堅寵幸，楊素不僅獲得巨大的財富，兄弟叔伯也跟著位列公卿，連一點戰績也沒有的兒子們也享受高官厚祿。他家的僕人就有幾千人，侍女也有一千多人，個個穿著華麗的絲綢長裙。他的府第富麗堂皇，規模可以與皇宮媲美。

　　不過，楊廣一旦坐穩皇帝位，知道太多秘密的楊素便成了頭號眼中釘、肉中刺。有一次，楊素生病了。楊廣一面派御醫看診送藥，一面私下詢問醫生，惟恐這個老傢伙還不死。楊素似乎心知肚明，堅持不肯服藥，他對弟弟楊約說：「我一生富貴榮華，何必還要活下去呢？」不久後，楊素便死了，離楊廣登基才兩年。

　　隋朝末年，楊素的兒子楊玄感發動兵變失敗，全族慘遭滅口。楊門一場富貴轉眼間煙消雲散。

　　楊素年輕時，曾豪爽的宣示，「我無心追求富貴，只怕富貴會來追著我。」對照晚年的追名求利，更顯得人心的虛枉和貪婪。

當隋煬帝的朋友

隋煬帝，是好人，還是壞人？

他用盡心計討好父母，還從哥哥手中奪下天子的寶座，即位成為皇帝。他急著想征戰大江南北，讓所有國家都臣服於他的腳下，意氣風發的率領百萬大軍，卻落得失敗的下場。他還徵調百萬人民，開鑿貫通南北的大運河。繁重的工作、嚴苛的要求，讓許多人民流離失所，只為了成就他的心願。

然而，他並不是無所作為。

他下令建造的大運河，成功串起了南方與北方，溝通了彼此的貿易往來，促進經濟文化的交流，奠定隋唐盛世的基礎，是不可抹滅的功績。他在位期間，延續了父親隋文帝留下的盛世，國家強大，社會富足。

如果有個暴君特訓班，秦始皇與隋煬帝大概會是同學吧！他們同樣大刀闊斧進行建設，留下許多利於後世的治績。然而，他們卻總是好大喜功，沉醉於自己的豐功偉業。他們不顧百姓的痛苦，聽不進大臣的勸說，樹立許多假想敵，只想穩固自己的寶座。他們忘記了，當一個帝王，最重要的是能虛心寬容，能勤政，同時愛民。

隋煬帝在歷史上留下了令人望而生畏的形象，這樣的人，我們又該如何親近他？該如何當他的朋友？其實，當隋煬帝的朋友，你會看到一個人是有正反兩面。你會發現被歷史視為暴君，並不代表他便毫無建樹。

當隋煬帝的朋友，你可能無法苦勸他停止殺戮。可是這樣的朋友帶給你的，也許是讓你仔細思考，歷史上的這些人物事蹟，都不是絕對的好壞，也同時存在著正面負面的影響。

我是大導演

看完了隋煬帝的故事之後，
現在換你當導演。
請利用紅圈裡面的主題（大運河），
參考白圈裡的例子（例如：玩樂），
發揮你的聯想力，
在剩下的三個白圈中填入相關的詞語，
並利用這些詞語畫出一幅圖。

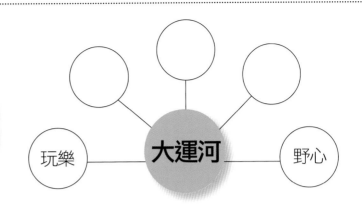

◎ 少年是人生開始的階段。因此，少年也是人生最適合閱讀經典的時候。

因為，這個時候讀經典，可以為將來的人生旅程準備豐厚的資糧。

因為，這個時候讀經典，可以用輕鬆的心情探索其中壯麗的天地。

◎ 【經典少年遊】，每一種書，都包括兩個部分：「繪本」和「讀本」。

繪本在前，是感性的、圖像的，透過動人的故事，來描述這本經典最核心的精神。

小學低年級的孩子，自己就可以閱讀。

讀本在後，是理性的、文字的，透過對原典的分析與說明，讓讀者掌握這本經典最珍貴的知識。

小學生可以自己閱讀，或者，也適合由家長陪讀，提供輔助說明。

001 黃帝　遠古部落的共主
The Yellow Emperor:The Chieftain of Ancient Tribes
故事／陳昇群　原典解說／陳昇群　繪圖／BIG FACE

遠古的黃河流域，衰弱的炎帝，無法平息各部族的爭戰。在一片討伐、互鬥的混亂局勢裡，有個天生神異，默默修養自己的人，正準備崛起。他，就是中華民族共同的祖先，黃帝。

002 周成王姬誦　施行禮樂的天子
Ch'eng of Chou:The Establishment of Chinese Etiquette
故事／姜子安　原典解說／姜子安　繪圖／簡漢平

年幼即位的周成王，懷抱著父親武王與叔叔周公的期待，與之後繼位的康王，一同開創了「成康之治」。他奠定了西周的強盛，開啟了五十多年的治世。什麼刑罰都不需要，天下無事，安寧祥和。

003 秦始皇　野心勃勃的始皇帝
Ch'in Shih Huang:The First Emperor of China
故事／林怡君　原典解說／林怡君　繪圖／LucKy wei

綿延萬里的長城、浩蕩雄壯的兵馬俑，已成絕響的阿房宮……這些遺留下來的秦朝文物，代表的正是秦始皇的雄心壯志。但是風光的盛世下，卻是秦始皇實行暴政的證據。他在統一中國時，也斷送了秦朝的前程。

004 漢高祖劉邦　平民皇帝第一人
Kao-tsu of Han:The First Peasant Emperor
故事／姜子安　故事／姜子安　繪圖／林家棟

他是中國第一個由平民出身的皇帝，為什麼那麼多人都願意為他捨身賣命？憑什麼他能和西楚霸王項羽互爭天下？劉邦是如何在亂世中崛起，打敗項羽，成為漢朝的開國皇帝？

005 王莽　爭議的改革者
Wang Mang:The Controversial Reformer
故事／岑澎維　原典解說／岑澎維　繪圖／鍾昭弋

臣民都稱呼他為「攝皇帝」。因為他的實權大大勝過君王。別以為這樣王莽就滿足了，他覬覦的可是真正的君王寶位。於是他奪取王位，一手打造全新的王朝。他的內心曾裝滿美好的願景，只可惜最終變成空談。

006 北魏孝文帝拓跋宏　民族融合的推手
T'o-pa Hung:The Champion of Ethnic Melting
故事／林怡君　原典解說／林怡君　繪圖／江長芳

孝文帝來自北魏王朝，卻嚮往南方。他最熱愛漢文化，想盡辦法要讓胡漢兩族的隔閡減少。他超越了時空的限制，不同於一般君主的獨裁專制，他的深思遠見、慈悲寬容，指引了一條民族融合的美好道路。

007 隋煬帝楊廣　揮霍無度的昏君
Yang of Sui:The Extravagant Tyrant
故事／劉思源　原典解說／劉思源　繪圖／榮馬

楊廣從哥哥的手上奪走王位，成為隋煬帝。他也從一個父母眼中溫和謙恭的青年，轉而成為嚴格殘酷的帝王。這個任意妄為的皇帝，斷送了隋朝的未來，留下昭彰的惡名，卻也樹立影響後世的功績。

008 武則天　中國第一女皇帝
Wu Tse-t'ien:The only Empress of China
故事／呂淑敏　原典解說／呂淑敏　繪圖／麥震東

她不只想當中國第一個女皇帝，她還想開創自己的朝代，把自己的名字深深的刻在歷史的石碑上。她還想改革政治，找出更多人才為國家服務。她的膽識、聰明與自信，讓她註定留名青史，留下褒貶不一的評價。

◎ 【經典少年遊】，我們先出版一百種中國經典，共分八個主題系列：
詩詞曲、思想與哲學、小說與故事、人物傳記、歷史、探險與地理、生活與素養、科技。
每一個主題系列，都按時間順序來選擇代表性的經典書種。

◎ 每一個主題系列，我們都邀請相關的專家學者擔任編輯顧問，提供從選題到內容的建議與指導。
我們希望：孩子讀完一個系列，可以掌握這個主題的完整體系。讀完八個不同主題的系列，
可以不但對中國文化有多面向的認識，更可以體會跨界閱讀的樂趣，享受知識跨界激盪的樂趣。

◎ 如果說，歷史累積下來的經典形成了壯麗的山河，那麼【經典少年遊】就是希望我們每個人
都趁著年少，探索四面八方，拓展眼界，體會山河之美，建構自己的知識體系。
少年需要遊經典。
經典需要少年遊。

009 唐玄宗李隆基　盛唐轉衰的關鍵
Hsuan-tsung of T'ang:The Decline of the T'ang Dynasty
故事／呂淑敏　原典解說／呂淑敏　繪圖／游峻軒

他開疆闢土，安內攘外。他同時也多才多藝，愛好藝術音樂，還能譜曲
演戲。他就是締造開元盛世的唐玄宗。他創造了盛唐的宏圖，卻也成為
國勢衰敗的關鍵。從意氣風發，到倉皇逃難，這就是唐玄宗曲折的一生。

010 宋太祖趙匡胤　重文輕武的軍人皇帝
T'ai-tsu of Sung:The General-turned-Scholar Emperor
故事／林哲璋　原典解說／林哲璋　繪圖／劉育琪

從黃袍加身到杯酒釋兵權，趙匡胤抓準了時機，從軍人成為實權在握的
開國皇帝。眼見藩鎮割據的五代亂象，他重用文人，集權中央。他開啟
了平和的大宋時期，卻也為之後的宋朝埋下被外族侵犯的隱憂。

011 宋徽宗趙佶　誤國的書畫皇帝
Hui-tsung of Sung:The Tragic Artist Emperor

他不是塊當皇帝的料，玩物喪志的他寧願拱手讓位給敵國，只求能夠保
全藝術珍藏。宋徽宗的多才多藝，以及他的極致享樂主義，都為我們演
示了一個富有人格魅力，一段充滿人文氣息的小品集。

012 元世祖忽必烈　草原上的帝國霸主
Kublai Khan:The Great Khan of Mongolia
故事／林安德　原典解說／林安德　繪圖／AU

忽必烈——草原上的霸主！他剽悍但不霸道，他聰明而又包容。他能細
心體察冤屈，揚善罰惡；他還能珍惜人才，廣聽建言。他有著開闊的胸
襟和寬廣的視野，這個馳騁草原的霸主，從馬上建立起一塊遼遠的帝國！

013 明太祖朱元璋　嚴厲的集權君王
Hongwu Emperor:The Harsh Totalitarian
故事／林安德　原典解說／林安德　繪圖／顧珮仙

從一個貧苦的農家子弟，到萬人臣服的皇帝，朱元璋是怎麼辦到的？他
結束了亂世，將飽受戰亂的國家，開創另一個新局？為什麼歷史評價如
此兩極，既受人推崇，又遭人詬病，究竟他是一個好皇帝還是壞皇帝呢？

014 清太祖努爾哈赤　滿清的奠基者
Nurhaci:The Founder of the Ch'ing Dynasty
故事／李光福　原典解說／李光福　繪圖／蘇偉宇

要理解輝煌的清朝，就不能不知道為清朝建立基礎的努爾哈赤。他在明
朝的威脅下，統一女真部落，建立後金。當他在位時期，雖然無法成功
消滅明朝，但是他的後人創立了清朝，為中國歷史開啟了新的一頁。

015 清高宗乾隆　盛世的十全老人
Ch'ien-lung:The Great Emperor of the Golden Age
故事／李光福　原典解說／李光福　繪圖／唐克杰

乾隆在位時期被稱為「康雍乾盛世」，然而他一方面大興文字獄，一方
面還驕傲的想展現豐功偉業，最終讓清朝國勢日漸走下坡。乾隆讓我們
看到了輝煌與鼎盛，也讓我們看到盛世下的陰影，日後的敗因。

經典 °
少年遊

youth.classicsnow.net

007
隋煬帝楊廣 揮霍無度的昏君
Yang of Sui
The Extravagant Tyrant

編輯顧問（姓名筆劃序）
王安憶 王汎森 江曉原 李歐梵 郝譽翔 陳平原
張隆溪 張臨生 葉嘉瑩 葛兆光 葛劍雄 鄭培凱

故事：劉思源
原典解說：劉思源
繪圖：榮馬
人時事地：詹亞訓

編輯：張瑜珊 張瓊文 鄧芳喬
美術設計：張士勇
美術編輯：顏一立
校對：陳佩伶

企畫：網路與書股份有限公司
出版者：大塊文化出版股份有限公司
台北市10550南京東路四段25號11樓
www.locuspublishing.com
讀者服務專線：0800-006689
TEL：+886-2-87123898
FAX：+886-2-87123897
郵撥帳號：18955675
戶名：大塊文化出版股份有限公司
法律顧問：全理法律事務所董安丹律師

總經銷：大和書報圖書股份有限公司
地址：新北市新莊區五工五路2號
TEL：+886-2-8990-2588
FAX：+886-2-2290-1658
製版：沈氏藝術印刷股份有限公司

初版一刷：2013年1月
定價：新台幣299元